Positive Psychologie
WOHLBEFINDEN UND ACHTSAMKEIT

HENNES RÖHR

STUDIENARBEIT

UNIVERSITÄT DÜSSELDORF

Inhalt

1.   Einleitung

Aufgrund der Beobachtung, dass in den Medien vermehrt über eine steigende Zahl psychischer Erkrankungen wie beispielsweise Burnout oder Depression berichtet wird, beschäftigt sich diese Arbeit mit der Positiven Psychologie, da sich diese psychologische Richtung mit Konzepten wie Wohlbefinden und Achtsamkeit befasst. In der folgenden Arbeit soll zunächst ein allgemeiner Überblick über die Positive Psychologie, als eigenständige wissenschaftliche Disziplin innerhalb der Psychologie, gegeben werden. Das Kapitel 2 dieser Arbeit beschäftigt sich somit mit dem Grundgedanken der Positiven Psychologie, der Erforschung und Kultivierung positiver Aspekte menschlichen Erlebens und Verhaltens. Im weiteren Verlauf dieses Kapitels werden die Grundsäulen der Positiven Psychologie dargestellt, sowie ein kurzer Überblick über mögliche Anwendungsbereiche gegeben. Da sich die Positive Psychologie mit verschiedenen Konzepten beschäftigt, die sich auf die positiven Aspekte der Menschen, beispielsweise positive Emotionen, Stärken und Talente konzentrieren, werden im weiteren Verlauf der Arbeit die Konzepte Wohlbefinden und Achtsamkeit näher betrachtet. In Kapitel 3 wird dementsprechend die Theorie des Wohlbefindens nach dem amerikanischen Psychologen und Pionier der Positiven Psychologie Martin Seligmann vorgestellt. Diese Theorie gibt ein Beispiel dafür, wie sich das Wohlbefinden von Menschen messen und steigern lassen kann. Das letzte Kapitel beschäftigt sich gezielt mit dem Konzept der Achtsamkeit. Anhand des von Jon Kabat-Zinn entwickelten Mindfulness-based Stress Reduction Programms, wird erläutert, wie sich Achtsamkeit gezielt schulen und anwenden lässt. Alle Kapitel schließen mit einer kritischen Reflexion ab. Zum Schluss wird anhand eines Praxisbeispiels der Sozialen Arbeit veranschaulicht, wie sich zum Einen Wohlbefinden und zum Anderen Achtsamkeit im Rahmen eines freizeitpädagogischen Angebots für Kinder gezielt fördern lassen könnten.

2.   Positive Psychologie

Die Positive Psychologie ist eine eigenständige Richtung innerhalb der Psychologie, die ihr Hauptaugenmerk darauf legt, diejenigen Aspekte menschlichen Erlebens und Verhaltens zu erforschen und zu kultivieren, die zu einem glücklichen, sinnerfüllten und erfolgreichen Leben verhelfen. Sie geht den Fragen nach, was das Leben lebenswert macht und wie sich das Positive im Leben der Menschen vermehren lässt. Die Positive Psychologie erforscht unter anderem Wohlbefinden, Zufriedenheit, Talente und Stärken der Menschen und beleuchtet die positiven Auswirkungen auf das eigene Leben sowie das Leben anderer Menschen. Die Positive Psychologie versteht sich als eine ergänzende, beziehungsweise komplettierende Disziplin der Psychologie, da sie sich jenen Bereichen widmet, denen bislang wenig Aufmerksamkeit geschenkt wurde (Ruch, Proyer, 2011 S. 84 f.). Dazu zählen unter anderem Glück und Wohlbefinden sowie Charakterstärken und Talente. Besonders die Auswirkungen des zweiten Weltkrieges sind maßgeblich dafür verantwortlich, dass sich die Psychologie im Allgemeinen verstärkt auf die Erforschung und Heilung seelischer Erkrankungen konzentriert (Auhagen, 2008, S. 2). Die Positive Psychologie versucht hier eine Balance zu schaffen, indem sie sich nicht auf die negativen Aspekte und die Herstellung eines erträglichen Zustandes für Menschen in Krisensituationen beschränkt, sondern sich gezielt mit den positiven Aspekten des menschlichen Erlebens und Verhaltens beschäftigt (Ruch, Proyer, 2011, S. 84). Der Fokus dieser Wissenschaft liegt demnach darauf, zu einer optimalen Entwicklung von Menschen, Gruppen und Institutionen beizutragen (Brendtro, Steinebach, 2012 S. 21). Um eine positive psychische Entwicklung zu begünstigen, geht es darum, im Leben sogenannte Aufwärtsspiralen zu entwickeln (Engelmann, 2012, S. 18). Dies bedeutet, durch Stärkung und Vermehrung positiver Emotionen, gemäß der Broaden and Build Theorie der Psychologin Barbara Fredrickson, positive Gewohnheiten zu entwickeln und somit neue Handlungsalternativen zu schaffen. In der daraus entstehenden Aufwärtsspirale, bilden sich dann langfristige Ressourcen, die Menschen in Ihrem Alltag einsetzen können, um beispielsweise schwierige Situationen einfacher bewältigen zu können (Ruch, Proyer, 2011, S. 86). Zusammenfassend lässt sich sagen, dass die Positive Psychologie Menschen darin unterstützen kann, das Positive in ihrem Leben zu erkennen und gezielt zu vermehren. Obwohl sich die Positive Psychologie speziell mit Aspekten beschäftigt, die sich auf das eigene Wohlbefinden richten, gibt es zudem Aspekte, wie Güte und Vergebung, die sich speziell mit den positiven Auswirkungen des Menschen auf sein soziales Umfeld beschäftigen (Engelmann, 2012, S. 9).

2.1. Allgemeine Grundlagen der Positiven Psychologie

Nach Auhagen (2008, S. 2) basiert die Positive Psychologie auf drei allgemeinen Grundlagen. Zunächst ist hier zu nennen, dass die Positive Psychologie ihren Fokus gezielt auf das Positive, wie positive Emotionen, Stärken und Ressourcen der Menschen richtet. Sie versucht den Menschen ihre bereits bestehenden positiven Aspekte zu vergegenwärtigen und diese zu verstärken. Des Weiteren basiert sie auf einer Vielzahl von wissenschaftlich begründeten Theorien und Studien, welches der zweiten Grundlage, dem Anspruch auf eine wissenschaftliche Fundierung entspricht. Als letztes ist zu nennen, dass die Positive Psychologie danach strebt, das Erleben und Verhalten der Menschen in ihrem Alltag positiv zu beeinflussen (Engelmann, 2012 S. 2-3).

2.2. Anwendungsbereiche und Praxis der Positiven Psychologie

Die Einsatzmöglichkeiten der Positiven Psychologie erstrecken sich unter anderem auf die Bereiche der Gesundheits- und Arbeitspsychologie. Ein Grund dafür ist, dass besonders im Kontext von Arbeit eine stets steigende Zahl von psychischen Erkrankungen, wie beispielsweise Burnout oder Depression zu verzeichnen sind und diese eine ebenso steigende Zahl an Krankschreibungen nach sich ziehen. Speziell hier wächst der Bedarf an Präventionsmaßnahmen (Engelmann, 2012 S. 7). Gegenstand vieler Behandlungen sind positive Interventionen. Diese Interventionen, beispielsweise in Form von gezielten Aktivitäten, sollen die Klienten in der Erlangung und Steigerung positiver Gefühle sowie positiver Verhaltensweisen und Kognitionen unterstützen (Ruch, Proyer, 2011, S. 85). Weitere Anwendungsbereiche der Positiven Psychologie sind Coaching, Pädagogik, Organisationspsychologie und Psychotherapie (Ruch, Proyer, 2011, S. 90).

2.3. Kritische Reflexion

Besonders der Name „Positive Psychologie" wird kritisch betrachtet. Da aufgrund dieser Bezeichnung eine positive Wertung erfolgt, lässt sich daraus schlussfolgern, dass sich die allgemeine Psychologie bislang ausschließlich mit „negativen" Themen des menschlichen Verhaltens und Erlebens beschäftigt hat. Und somit verschiedene Ansätze, die nicht zur Positiven Psychologie gehören, als negativ angesehen werden könnten. In diesem Zusammenhang wird die Entstehung der Positiven Psychologie als Pendant zu einer bislang stark defizitorientierten allgemeinen Psychologie beschrieben. Es wird von einer einseitigen Orientierung der Psychologie auf das „Negative", wie Krankheiten und Defizite und somit dem Anliegen der Positiven Psychologie sich dementgegen auf das Positive zu konzentrieren gesprochen. Hier erwähnen die Autoren Brendtro und Steinebach (2008, S. 18), dass es besonders nach dem zweiten Weltkrieg viele Gründe seitens der Psychologie gab, vorherrschend die Defizite, die als Resultat des Krieges offensichtlich waren, wie zum Beispiel Traumata oder Depressionen, in den Blick zu nehmen. Es scheint demnach allzu plausibel, dass der Schwerpunkt eher auf Interventionen und Heilung, statt auf Präventivmaßnahmen und Gesundheitsförderung lag (Brendtro, Steinebach, 2012, S. 18). Die Positive Psychologie wird in der Literatur als noch sehr junge wissenschaftliche Disziplin bezeichnet. Dennoch gab es bereits lange bevor sich die Positive Psychologie als eigene Richtung etablierte, verschiedene Ansätze von Forscher_innen, die sich mit positiven Aspekten menschlichen Erlebens und Verhaltens beschäftigten. Dazu zählte unter anderem die Forscherin Marie

Jahoda, die bereits im Jahr 1958 feststellte, dass die Heilung von Krankheiten zwar notwendig sei, jedoch die Abwesenheit von Krankheiten keine Garantie für seelische Gesundheit ist. Auch Vertreter der Humanistischen Psychologie, wie Abraham Maslow oder Carl Rogers, haben durch verschiedene Beiträge, die sich mit positiven Aspekten des menschlichen Lebens beschäftigten, wesentliche Grundlagen für die heutige Positive Psychologie geliefert. Zudem gab es bereits verschiedene Ansätze und Theorien zur seelischen Gesundheit, die das Wohlbefinden des Menschen in den Blick nahmen (Ruch, Proyer, 2011, S. 84). Im Zentrum der Kritik steht wie sinnvoll es ist, sich ausschließlich mit dem Positiven zu befassen (Brendtro, Steinebach, 2012, S. 19). Man könnte annehmen, dass Menschen vor allem aus Krisen, die vielleicht zunächst als negativ bewertet werden, immer auch persönlich gestärkt hervor gehen. So kann man im Rückblick auf eine schwierige Lebenssituation im Nachhinein meistens auch eine daraus resultierende, positive Entwicklung erkennen. Da es im Leben der Menschen immer Situationen gibt, die als negativ oder belastend empfunden werden, wäre es sinnvoll, den negativen sowie den positiven Aspekten jeweils mit einem weitestgehend ausgeglichenen Pensum an Aufmerksamkeit je nach Bedarf des Klienten zu begegnen. So sollte zum Beispiel die Behandlung psychischer Erkrankungen parallel mit der Stärkung persönlicher Ressourcen einhergehen.

3.   Die Theorie des Wohlbefindens

Als einer der Hauptvertreter und Wegbereiter der Positiven Psychologie gilt der amerikanische Psychologe Martin Seligmann. Nach ihm ist die Positive Psychologie eine Wissenschaft, „[...] die positive – und nicht nur negative – Emotionen zu verstehen sucht, die bemüht ist, Stärken und Tugenden aufzubauen und Wegweiser aufzustellen [...]" (Engelmann, 2012, S. 7). Auf dieser Grundannahme unterstützt die Positive Psychologie Menschen darin, das zu finden, was Aristoteles das „gute Leben" nannte. Dieses „gute Leben" bestand nach Aristoteles aus dem Ziel des Lebens selbst. Anhand seiner Theorie des Wohlbefindens bezeichnet Seligman das Wohlbefinden eines Menschen als zentrales Thema der Positiven Psychologie, mit dem Ziel, dieses Wohlbefinden zu vermehren. Er beschreibt den Begriff Wohlbefinden an sich als ein nicht „operationalisierbares Konstrukt" (Seligman, 2012 S. 32-33). Dies bedeutet, dass Wohlbefinden nichts ist, was sich durch verschiedene Maßeinheiten ganzheitlich definieren lässt. Vielmehr besteht Wohlbefinden aus einer Reihe von messbaren Elementen. Diese insgesamt fünf Elemente sind positive Gefühle, Engagement, Sinn, positive Beziehungen sowie Erfolg. Diese Elemente tragen zum Wohlbefinden bei, jedoch ohne eine einschlägige Definition von Wohlbefinden zu liefern. Demnach sagt Seligman:

> „[...] Wohlbefinden ist eine Kombination eines guten Gefühls
>
> mit dem tatsächlichen Vorhandensein von Sinn, guten
>
> Beziehungen und Erfolg" (Seligmann, 2012, S. 46).

Die fünf Elemente und ihre Bedeutung für das Wohlbefinden werden im folgenden Kapitel näher erläutert.

3.1. Fünf Elemente des Wohlbefindens

Wie bereits erwähnt, erschließt sich bei Seligmann der Begriff des Wohlbefindens dadurch, dass er aus fünf messbaren Elementen besteht. Diese Elemente müssen jeweils drei Eigenschaften besitzen. Zunächst muss ein Element zum Wohlbefinden eines Menschen beitragen. Zudem sollte es eine Sache sein, die Menschen um Ihrer selbst Willen tun und nicht nur deshalb, weil dadurch ein anderes Element erlangt werden kann. So verspricht man sich zum Beispiel von einem Besuch in der Sauna ein positives Gefühl, jedoch nicht unmittelbar auch Sinn oder positive Beziehungen. Die dritte Eigenschaft ist die Exklusivität, was bedeutet, dass sich das Element eigenständig und unabhängig von den anderen Elementen definieren und messen lässt. Im Folgenden wird die Bedeutung der einzelnen Elemente näher erläutert (Seligman, 2012, S. 34). Zunächst wären hier die positiven Gefühle zu nennen. Diese sind Gefühle, wie zum Beispiel Freude, Wärme, Geborgenheit und Behaglichkeit. Um diese positiven Gefühle zu erzielen, wählen wir Dinge, von denen wir wissen, dass sie positive Gefühle in uns hervorrufen. Zum Beispiel besucht man ein Fitnesscenter deshalb, weil man sich mit einem intensiven Workout ein positives Gefühl verschaffen möchte. Positive Gefühle werden subjektiv empfunden und lassen sich beispielsweise mittels Befragung feststellen. Ein ebenfalls subjektives Element ist Engagement. Mit diesem ist das Flow-

Erleben gemeint. Flow bedeutet das Aufgehen im Tun, das Versunkensein in eine Tätigkeit. Im Zustand des Flow ist weder ein Gefühl von Zeit, noch ein Gefühl des Ich-Bewusstseins vorhanden. Das bedeutet, dass die ganze Aufmerksamkeit auf das Ausführen der Tätigkeit gerichtet ist, was dazu führen kann, dass es den Menschen von seinen Gedanken und Gefühlen sowie von seiner Umwelt vollständig abgrenzt (Seligman, 2012, S. 27-28). Das dritte Element ist Sinn. Nach Seligman bedeutet Sinn, sich zu etwas zugehörig zu fühlen und sich etwas zu widmen, von dem man der Auffassung ist, dass es größer ist als das eigene Selbst. Dies könnte beispielsweise die Gründung einer eigenen Familie sein oder die Mitarbeit an der Entwicklung eines Medikamentes mit dem sich Krebs heilen lässt. Sinn hat durchaus etwas Subjektives, da jeder Mensch eine andere Auffassung davon hat, was sinnvoll bzw. nicht sinnvoll ist. Dennoch ist es kein ausschließlich subjektiver Zustand, da eine, wie Seligman sagt, objektivere und unvoreingenommenere Beurteilung beispielsweise im Kontext von Geschichte oder Logik von einer subjektiven Beurteilung abweichen kann (Seligmann, 2012, S. 36). Ein weiteres Element sind positive Beziehungen. Mit Freunden oder Familienangehörigen kann jeder Mensch die Ereignisse des alltäglichen Lebens teilen. Durch die Beziehung zu anderen Menschen erfährt der Mensch unter anderem Rückhalt und Wertschätzung. Freude und Leid im Leben können geteilt werden. Der Mensch als soziales Wesen braucht positive Beziehungen, um sich wohlfühlen zu können (Seligmann, 2012, S. 40). Das fünfte Element ist Zielerreichung beziehungsweise Erfolg. Um ein Ziel zu erreichen, bringen Menschen die dafür notwendigen Leistungen. Erreicht der Mensch ein Ziel war er erfolgreich. Meistens ist das

Ziel eine Sache, die der Mensch um ihrer Selbstwillen erreichen will. Beispielsweise bei einem Wettkampf teilnehmen um zu gewinnen oder ein Studium zu absolvieren, um in einem bestimmten Bereich arbeiten zu können (Seligmann, 2012, S. 37-38). Zusammenfassend lässt sich anhand der Theorie des Wohlbefindens sagen, dass wie bereits erwähnt, alle genannte Elemente zum Wohlbefinden der Menschen beitragen. Somit stellt die Integration von möglichst vielen Elementen in das eigene Leben eine Bestrebung des Menschen dar (Seligmann, 2012, S. 46).

3.2. Flourishing als Ziel der Positiven Psychologie

Das Ziel der Positiven Psychologie ist es, das Wohlbefinden der Menschen zu steigern, beziehungsweise sie zum Aufblühen, also zum „Flourishing" zu bringen und dieses Aufblühen zu vermehren (Seligmann, 2012, S. 49). Um Aufblühen messen und unterstützen zu können, wird der Blick der positiven Psychologie auf das Positive gerichtet, also auf das, was die Menschen wirklich glücklich macht. Flourishing beschreibt also nichts anderes, als das sich ein Mensch wohl fühlt, alles in allem glücklich ist und sich frei entfalten kann. Damit ein Mensch aufblühen kann, muss er nach Seligmann Kerneigenschaften wie positive Gefühle, Engagement und Sinn besitzen. Zudem gibt Seligmann folgende Elemente wie Selbstachtung, Optimismus, Resilienz, Vitalität, Selbstbestimmtheit und Positive Beziehungen an, von denen ein Mensch mindestens drei der genannten haben muss, um aufblühen zu können (Seligmann, 2012, S. 48-49).

3.3. Kritische Reflexion

Grundsätzlich kritisch zu betrachten ist vor allem der Begriff des Wohlbefindens im Hinblick auf seine Vielschichtigkeit. Wohlbefinden ist demnach nicht einfach zu definieren, da es subjektiv empfunden wird und man davon ausgehen kann, dass jeder Mensch seine ganz individuelle Auffassung davon hat, was Wohlbefinden für ihn bedeutet, beziehungsweise welche Faktoren es beinhaltet. Im Allgemeinen wird Wohlbefinden als ein gutes körperliches und seelisches Befinden definiert (www.duden.de). Doch was genau dieses Befinden beinhaltet bleibt weitestgehend unbeantwortet. Es gibt es eine ganze Reihe von Theorien, die sich dem Begriff des Wohlbefindens annehmen und ihn zu erläutern versuchen. So definiert Seligmann, wie bereits in Kapitel 3 beschrieben, das Wohlbefinden eines Menschen als etwas, was nicht direkt definierbar ist, sondern sich aus verschiedenen Elementen zusammensetzt, die bei Erreichung alle zum Wohlbefinden beitragen (Seligman, 2012 S. 32-33). Einen anderen Definitionsversuch von Wohlbefinden liefert Becker (1994) mit einem Strukturmodell, in welchem er zwischen aktuellem und habituellem Wohlbefinden unterscheidet. Das aktuelle Wohlbefinden bezieht sich auf das individuell empfundene, aktuelle Befinden eines Menschen. Dazu gehören beispielsweise Empfindungen wie Freude, Glück, positive Stimmung und die Abwesenheit von körperlichen Beschwerden. Das habituelle Wohlbefinden bezieht auf das erlebte, psychische und physische Wohlbefinden vergangener Wochen und Monate und die Beurteilung dessen. Während Becker davon ausgeht, dass sich Wohlbefinden durch positive Gefühle und Stimmungen mit einer gleichzeitigen Abwesenheit von Beschwerden definiert, beschreibt Bradburn (1969) das psychische Wohlbefinden als Resultat der Balance zwischen positiven und negativen Gefühlszuständen (Belz, M., Berger, T. 2008, S. 119). Die Positive Psychologie hat sich zum Ziel gesetzt, das Wohlbefinden der Menschen zu vermehren beziehungsweise zu verbessern. Zwar geben die verschiedenen Modelle zum Thema Wohlbefinden Auskunft darüber was zum Wohlbefinden der Menschen beiträgt sowie verschiedene Definitionsversuche dieses Begriffs. Dennoch kann man annehmen das Wohlbefinden als subjektiver Zustand von jedem Menschen anders definiert und empfunden wird. Um herauszufinden, was zum Wohlbefinden des Einzelnen beiträgt oder das Wohlbefinden beeinträchtigt, muss im Einzelfall geklärt werden, welche Faktoren für das individuelle Wohlbefinden eine vorherrschende Rolle spielen, um dementsprechende Maßnahmen einleiten zu können.

4.   Achtsamkeit

Ursprünglich kommt das Prinzip der Achtsamkeit aus den östlichen Kulturen. Vor allem in der Lehre des Buddhismus gilt Achtsamkeit als das Herzstück des sogenannten Edlen Achtfachen Pfades (Hinze, 2011, S. 23). Im Buddhismus wird Achtsamkeit durch einen langen Weg der Meditation entwickelt (Heidenreich, Junghanns-Royack, Michalak 2011, S. 70). Jon Kabat-Zinn, ein amerikanischer Molekularbiologe, entwickelte einen achtsamkeitsbasierenden Ansatz, dass Mindfulness-based Stress Reduction Programm, auf das in Kapitel 4.1 noch näher eingegangen wird. Er definiert Achtsamkeit als eine absichtsvolle Lenkung der Aufmerksamkeit auf den gegenwärtigen Moment, ohne diesen zu bewerten (Heidenreich, Junghanns-Royack, Michalak, 2011, S. 70). Das bedeutet, dass Menschen ihre Aufmerksamkeit gezielt, also mit der vollen Absicht auf das richten, was sie im Augenblick tun. Sie nehmen bewusst war, was sie in diesem Moment denken, fühlen und körperlich empfinden. Menschen erleben den gegenwärtigen Augenblick, sind also mit ihren Gedanken und Gefühlen im Hier und Jetzt, ohne Gedanken an Vergangenes oder Zukünftiges. Zudem werden die auftretenden Inhalte des Bewusstseins, also Gedanken, Gefühle und Empfindungen weder positiv noch negativ bewertet, sie werden ausschließlich als gegeben wahrgenommen (Michalak, Heidenreich, 2008 S. 67). Dies entspricht im Kern auch dem Grundgedanken von Achtsamkeit der buddhistischen Philosophie. Demnach besagt eine buddhistische Weisheit zur Bedeutung von Achtsamkeit:

„[…] Wenn ich stehe, dann stehe ich,

wenn ich gehe, dann gehe ich,

wenn ich sitze, dann sitze ich,

wenn ich esse, dann esse ich,

wenn ich spreche, dann spreche ich… […]"

(www.glaubeaktuell.net)

Anhand dieser Erläuterung des Prinzips der Achtsamkeit könnte man davon ausgehen, dass alle Menschen, die viele Male am Tag stehen, gehen, sitzen usw. in Achtsamkeit geübt sind. Doch gibt es einen wesentlichen Unterschied zwischen dem achtsamen Erleben einer Situation und dem, wie Kabat-Zinn es nennt, „Erleben von Situationen im Autopilotenmodus" (Heidenreich, Junghanns-Royack, Michalak 2011, S. 70), in dem Menschen Situationen meist nur halb bewusst wahrnehmen, da viele Dinge, wie zum Beispiel das Atmen, Sitzen oder Laufen ganz einfach automatisch getan werden ohne dabei in lebendigem Kontakt mit der gegenwärtigen Situation zu sein (Michalak, Heidenreich, 2008 S. 65). Auch dieser Grundgedanke des Autopilotenmodus, in dem Menschen die meisten Situationen erleben, ist bereits in der buddhistischen Psychologie wie folgt beschrieben:

„[…] wenn ihr sitzt, dann steht ihr schon,

wenn ihr steht, dann lauft ihr schon,

wenn ihr lauft, dann seid ihr schon am Ziel … […]"

(www.glaubeaktuell.net)

Zusammenfassend lässt sich sagen, das Achtsamkeit keine Fähigkeit ist, die nur von Anhängern der buddhistischen Lehre oder Spirituellen erlernt werden kann. Die Fähigkeit achtsam zu sein kann von jedem Menschen unabhängig seines religiösen oder kulturellen Hintergrunds erlernt werden. Um Achtsamkeit zu praktizieren, muss man diese in sein Leben integrieren. Demnach kann man in jeder Situation üben achtsam zu sein (Heidenreich, Junghanns-Royack, Michalak, 2011, S. 70 f.).

4.1. Mindfulness-based Stress Reduction

Zu Beginn der 1990er Jahre stieß seitens der klinischen Forschung sowie im Bereich der therapeutischen Arbeit besonders die Methode der Achtsamkeitsmeditation auf ein gesteigertes Interesse. Den Grundstein dafür legte unter anderem Jon Kabat-Zinn, der Ende der 1970er Jahre einen Ansatz entwickelte, der maßgebliche Impulse für die Integration von Achtsamkeit in die Therapie lieferte. Diesen achtsamkeitsbasierenden Ansatz nennt Kabat-Zinn Mindfulness-based Stress Reduction (MBSR). Der Kern besteht darin, Menschen gezielt in Achtsamkeit zu schulen, um ihnen somit bei der Bewältigung von Stress zu helfen. Die Bereiche in denen das MBSR-Programm angewendet wird umfassen körperliche Erkrankungen, wie chronische Schmerzen oder Krebserkrankungen, sowie psychische Erkrankungen, zu denen beispielsweise Angststörungen oder Depressionen zählen. Dieses achtwöchige Gruppenprogramm, bei dem maximal dreißig Patienten teilnehmen können, besteht aus wöchentlichen Gruppensitzungen, die in der Regel in einem zeitlichen Umfang von 2,5 Stunden stattfinden. In diesen Sitzungen wird Achtsamkeit anhand sogenannter formaler Achtsamkeitsübungen geschult. Im Verlauf des Mindfulness-based Stress Reduction Programms werden den Patienten nacheinander insgesamt drei Übungen zur Schulung von Achtsamkeit vermittelt. Diese werden im Verlauf des Programms praktisch durchgeführt. Um dieses Prinzip der Achtsamkeitsschulung zu verdeutlichen, werden im Folgenden die ersten beiden Übungen des Programms näher vorgestellt. Die erste formale Achtsamkeitsübung des MBSR-Programms ist der Body-Scan. Diese wird im Liegen durchgeführt und dauert in der

Regel 45 Minuten (Michalak, Heidenreich, 2008, S. 68 f.). Bei dieser Übung lernen die Patienten ihren Fokus gezielt auf einzelne Regionen ihres Körpers zu legen und diese nacheinander achtsam wahrzunehmen. Das bedeutet nicht, dass sie ihre Aufmerksamkeit in Form von Gedanken auf die jeweilige Körperregion, zum Beispiel auf die Finger der rechten Hand, lenken sollen, sondern zu versuchen die einzelnen Finger so gut es geht von innen heraus zu spüren. Ein wichtiger Aspekt bei dieser Übung, der bereits in der Definition von Achtsamkeit erläutert wurde, ist die bewusste aber nicht wertende Wahrnehmung von Gedanken, Gefühlen sowie körperlichen Empfindungen. Dementsprechend sind Empfindungen, wie beispielsweise Anspannung oder Unruhe, genauso wertvoll wie das Empfinden von Entspannung und Behaglichkeit. Diese Bewusstseinszustände sollten einfach nur empfunden werden, ohne sie als positiv oder negativ einzuordnen. Die Teilnehmer haben ausreichend Zeit innerhalb dieser Übung alle Körperregionen nacheinander achtsam wahrzunehmen. Stellt ein Patient fest, dass seine Gedanken während der Übung abschweifen, lernt er seine Aufmerksamkeit auf die jeweilige Körperregion zurückzulenken, ohne sich dafür zu verurteilen (Michalak, Heidenreich, 2008, S. 72 f.). Die zweite Übung, die im Laufe des Programms durchgeführt wird, ist die Sitzmeditation. Hier liegt der Schwerpunkt auf der achtsamen Wahrnehmung des Atems. Dabei ist es wichtig, dass die Atmung weder gezielt verändert noch kontrolliert wird (Michalak, Heidenreich, 2008 S. 66). Auch bei dieser Übung gilt es, ein eventuelles Abschweifen der Gedanken zu registrieren und die Aufmerksamkeit zurück auf den Atem zu lenken. Im weiteren Verlauf dieser Übung, wenn die Aufmerksamkeit ausschließlich auf der Atmung ruht, wird dann die Wahrnehmung von Körperempfindungen oder Gedanken in die Übung einbezogen. Ein ebenso wichtiger Teil des MBSR-Programms ist der Erfahrungsaustausch. Nach jeder Übung berichten die Patienten in der Gemeinschaft über ihre Erfahrungen und eventuelle Schwierigkeiten bei der jeweiligen Achtsamkeitsübung. Zu den Schwierigkeiten gehören in vielen Fällen das Abschweifen der Gedanken, körperliche Schmerzen oder Unruhezustände. Auch eine Erwartungshaltung, die sich einstellen könnte wenn ein Patient beispielsweise eine Übung als besonders entspannend erlebt und nun diese Entspannung jedes Mal erfahren möchte, kann für das Erlangen der Achtsamkeit hinderlich sein. Zusätzlich zu den formalen Achtsamkeitsübungen während der Sitzungen werden die Patienten dazu angehalten sich eine Stunde am Tag, an sechs Tagen der Woche, zu Hause in Achtsamkeit zu üben. Dies schließt die sogenannten informellen Achtsamkeitsübungen bei alltäglichen Routinetätigkeiten, wie zum Beispiel Duschen, Rasieren oder Zähneputzen ein. Die Patienten sollen im Laufe des Programms immer mehr Tätigkeiten im Alltag selbständig achtsam durchführen, um diese somit in ihr Leben zu integrieren. Das Ziel ist sich selbst sowie seiner Umwelt gegenüber achtsamer zu werden und sich seiner Reaktionsmuster in schwierigen Situationen bewusst zu werden, um Stress mit mehr Gelassenheit entgegenzutreten (www.tk.de). Da sich das MBSR-Programm darauf konzentriert, Menschen durch die gezielte Schulung von Achtsamkeit bei der Stressreduktion zu helfen, sind dementsprechend die Vermittlung von Grundlagen der Stressforschung ebenfalls zentraler Gegenstand der Gruppensitzungen (Michalak, Heidenreich, 2008 S. 68 f.). Da in dieser Arbeit der Begriff der Achtsamkeit Gegenstand ist, wird auf die nähere Erläuterung von Stress und die Grundlagen der Stressforschung verzichtet. Das Mindfulness-based Stress Reduction Programm hat sich in vielen Ländern etabliert und wird als wirksame Methode vor allem im Bereich der therapeutischen Arbeit genutzt. Auch in Deutschland ist dieses Programm anerkannt. Es wird von Krankenkassen angeboten und teilfinanziert (www.tk.-de).

4.2. Kritische Reflexion

Es gibt eine Vielzahl empirischer Studien, die sich mit der Wirksamkeit dieses Programms beschäftigt haben. So wurde beispielsweise während einer kontrollierten Studie mit Krebspatienten, die am MBSR-Programm teilnahmen, nicht nur festgestellt, dass die negative Stimmung der Patienten deutlich abnahm, sondern auch eine reduzierte Stressbelastung wurde deutlich (www.mbsr-berlin.org). In einer weiteren Studie der Universität Freiburg, die untersuchte, inwiefern Stressbewältigung durch das Erlernen von Achtsamkeit auf die Gesundheit deutscher Patienten wirkt, konnte festgestellt werden, dass sich gegenwärtige Symptome verringerten und sich das körperliche Wohlbefinden der Patienten sowie die damit einhergehende Lebensqualität erheblich verbessert hatte (www.mbsr-berlin.org). Auch wenn die Wirksamkeit des Mindfulness-based Stress Reduction Programms erwiesen ist, bemängeln Kritiker, die methodische Qualität der Studien. Zum einen wird das Fehlen von Kontrollgruppen, die sich während der Teilnahme am MBSR-

Programm in weiteren Behandlungen befinden, genannt. Zum anderen wird kritisiert, dass die Auswirkungen weiterer Behandlungen bei der Evaluation dieser Studien nicht berücksichtigt werden (Michalak, Heidenreich, 2008, S. 69). Zudem könnten weitere Kritikpunkte beispielsweise der zeitliche Umfang des Programms sein sowie die Nachhaltigkeit dessen. So stellt sich die Frage, ob sich Achtsamkeit in 8 Wochen erlernen und vollständig in den Alltag integrieren lässt. Des Weiteren ist fraglich, ob sich die Teilnehmer des MBSR-Programmes auch ohne eine gezielte Unterstützung regelmäßig in Achtsamkeit üben oder ob es im Alltag und in stark veränderten Lebenssituationen immer weniger im Bewusstsein bleibt. Eventuell lässt auch die Motivation zu selbständigen Achtsamkeitsübungen nach einer gewissen Zeit nach, da der Austausch und der Rückhalt der Gruppe fehlen.

4.3. Achtsamkeit im Kontext der Positiven Psychologie

Wie bereits in Kapitel 2.1 erläutert, basiert die Positive Psychologie auf drei Grundlagen, die Ausrichtung auf das Positive, eine wissenschaftliche Fundierung sowie eine positive Wirkung auf das Erleben und Verhalten der Menschen in ihrem Alltag. Das Prinzip der Achtsamkeit entspricht in seinem Kern ebenfalls diesen drei Grundpfeilern. Zunächst wurde das Konzept der Achtsamkeit und dessen Wirkung anhand einer Vielzahl von wissenschaftlichen Studien untersucht, was der Grundlage der wissenschaftlichen Fundierung entspricht. Durch die Kultivierung von Achtsamkeit sollen Menschen dabei unterstützt werden, sich der Schönheit beziehungsweise dem Positiven gegenwärtiger Momente bewusst zu werden. Durch ein achtsames Erleben alltäglicher Situationen ist es zudem möglich, sich von ungünstigen Gedankenmustern und festgefahrenen Verhaltensweisen zu lösen (Michalak, Heidenreich, 2008, S. 74).

4.4. Förderung von Achtsamkeit und Wohlbefinden in der Praxis Sozialer Arbeit

In den Kapiteln 3 und 4 wurden die Konzepte des Wohlbefindens und der Achtsamkeit jeweils als Bereich innerhalb der Positiven Psychologie vorgestellt. Im Folgenden soll anhand eines Praxisbeispiels der Sozialen Arbeit erläutert werden, wie sich Wohlbefinden und Achtsamkeit im Rahmen eines freizeitpädagogischen Angebots für Kinder gezielt fördern lassen könnten. Wie in Kapitel 3.1 beschrieben wurde, gibt es nach der Theorie des Wohlbefindens fünf Elemente, die zum Wohlbefinden des Menschen beitragen. So könnte man zum Beispiel täglich kleine Übungen mit den Kindern machen, die Ihnen positive Gefühle verschaffen. Seligmann gibt eine Beispielübung der Geelong Grammar Scholl an, in der die folgende Übung fester Bestandteil des Unterrichts ist. In dieser Übung stellen sich die Kinder in einem Kreis zusammen. Der Lehrer fragt die Kinder gezielt nach schönen Erlebnissen des vorherigen Tages. Die Kinder erzählen in der Gemeinschaft was ihnen Schönes wiederfahren ist und an welchen Aktivitäten oder in welchen Situationen sie Freude hatten (Seligmann, 2012, S. 137-138). Durch das Reproduzieren und Mitteilen positiv empfundener Gefühle in erlebten Situationen, können diese noch einmal ins Bewusstsein gelangen und neue positive Gefühle hervorrufen. Durch diese sehr einfach anzuwendende Übung kann man die Aufmerksamkeit der Kinder ganz bewusst auf das Positive lenken und somit zur Steigerung ihres Wohlbefindens beitragen. Da es bei dieser Übung keinem großen Aufwand bedarf, könnte sie ohne weiteres im Rahmen eines freizeitpädagogischen Ferienprogrammes angewandt werden. Ein wichtiger Aspekt ist sicherlich, dass diese Übung täglich gemacht wird. Somit könnte man gegebenenfalls den Effekt erzielen, dass die Kinder sich selber ganz automatisch am Morgen schon die Frage stellen, was für sie gut gelaufen ist. Es gibt eine Vielzahl von Übungen, die es ermöglichen Kinder in Achtsamkeit zu schulen. Ganz entscheidend für das Durchführen dieser Achtsamkeitsübungen ist, dass der Leitende während dieser Übungen eine Sprache wählt, die dem Alter der Kinder angemessen ist. Die gewählten Übungen sollten den Kindern Spaß machen und ihre Neugier wecken (Saltzman, Goldin, 2011, S. 155 f.). Eine Achtsamkeitsübung, die sich mit Kindern durchführen lässt, ist zum Beispiel die Suche nach dem „stillen, ruhigen Ort" (Saltzman, Goldin, 2011, S. 156 f.). Bei dieser Übung werden die Kinder dazu angeleitet in sich hineinzuhören, um einen Ort zu erspüren, der ihnen Wärme, Liebe und Geborgenheit gibt. Den Kindern wird vermittelt, dass sie, wann immer sie ärgerlich, traurig oder wütend sind, an diesen Ort gehen können, um mit ihren Gefühlen zu sprechen und ihnen auf einer Ebene der Freundschaft zu begegnen. Sie sollen erfahren, dass vor allem Gefühle, die sie ängstigen und traurig stimmen nicht übermächtig sind. Das Ziel ist es, das Kinder den stillen, ruhigen Ort in sich finden und erleben können. Sie sollen lernen ihre Gefühle zunächst einfach wahrzunehmen, ohne direkt darauf zu reagieren. Damit kann zum Beispiel gemeint sein, dass ein Kind welches wütend ist, nicht gewalttätig wird um seinem Ärger Luft zu machen, sondern an seinen stillen, ruhigen Ort kehren kann, um mit dieser Wut zu sprechen und dadurch Verhaltensoptionen zu entwickeln. Weitere Achtsamkeitsübungen für Kinder sind beispielsweise gemeinsames, achtsames Essen, Gefühlsübungen oder Übungen zur Körperwahrnehmung. Alle Übungen haben zum Ziel, dass Kinder ihre Gedanken, Gefühle und Körperempfindungen vor allem in für sie belastenden Situationen wahrnehmen und beobachten lernen (Saltzman, Goldin, 2011, S. 155 ff.). Alle genannten Übungen stammen aus dem Mindfulness-based Stress Reduction Therapieplan für Kinder. Zwar können sie auch außerhalb dieses Programmes durchgeführt werden, zum Beispiel im Rahmen eines Freizeitpädagogischen Angebots, dennoch sollten folgende Aspekte beachtet werden. Der Leitende der Übungen sollte selber in Achtsamkeit geschult sein und diese in seinem Leben praktizieren. Des Weiteren sollten Achtsamkeitsübungen nicht nur sporadisch durchgeführt werden, sondern ein fester und regelmäßiger Bestandteil des Freizeitangebots sein.

5. Fazit

Ziel dieser Arbeit war es zunächst die Positive Psychologie als eigene Richtung innerhalb der Psychologie, mit ihren Grundgedanken, allgemeinen Grundlagen und Zielen sowie möglicher Anwendungsbereiche vorzustellen. Des Weiteren sollte ergründet werden, was die Positive Psychologie von der allgemeinen Psychologie unterscheidet. Da sich das Hauptaugenmerk der Positiven Psychologie gezielt auf die Erforschung und Kultivierung positiver Aspekte menschlichen Erlebens und Verhaltens richtet und es ihr Ziel ist, das Positive im Leben der Menschen zu mehren, wurden im weiteren Verlauf der Arbeit in die Konzepte Wohlbefinden und Achtsamkeit eingeführt. Die Auseinandersetzung mit diesen beiden Konzepten erfolgte anhand der Theorie des Wohlbefindens nach Martin Seligmann, die das Wohlbefinden des Menschen als zentrales Thema der Positiven Psychologie definiert sowie dem von Jon Kabat-Zinn entwickelten achtsamkeitsbasierenden Ansatz zur Stressreduktion, dem Mindfulness-based Stress Reduction Programm. Beide Konzepte richten sich gemäß dem Grundgedanken der Positiven Psychologie gezielt darauf, den Menschen ihre bereits vorhandenen positiven Aspekte, wie beispielsweise Stärken und Talente, zu vergegenwärtigen und gezielt das Positive in ihrem Leben zu steigern. So konnte anhand der Theorie des Wohlbefindens festgestellt werden, welche Elemente zum Wohlbefinden und dessen Vermehrung beitragen können. Anhand des achtsamkeitsbasierenden Ansatzes von Kabat-Zinn wurde deutlich, dass eine Schulung von Achtsamkeit Menschen vor allem in schwierigen Lebenssituationen

Handlungsoptionen ermöglicht. Im letzten Kapitel dieser Arbeit wurde anhand eines Praxisbeispiels der Sozialen Arbeit veranschaulicht, wie genau sich zum Einen das Wohlbefinden und zum Anderen Achtsamkeit im Rahmen eines freizeitpädagogischen Angebots für Kinder gezielt fördern lassen. Zusammenfassend kann man sagen, dass die Positive Psychologie Menschen darin unterstützen kann, das Positive im Leben zu erkennen und durch die Stärkung bereits vorhandener Potentiale auch vermehren zu können.

6. Literaturverzeichnis

Auhagen, A. E. (2008). Das Positive mehren: Herausforderungen für die Positive Psychologie. In A. E. Auhagen (Hrsg.), *Positive Psychologie. Anleitung zum „besseren Leben"* (2., überab. u. erw. Aufl., S. 1-13). Weinheim: Beltz.

Belz, M., Berger, T. (2008). Psychisches Wohlbefinden, Außergewöhnliche Erfahrungen und Emotionsregulation. *Zeitschrift für Anomalistik, 8,* 118-134.

Brendtro, L. K., Steinebach, C. (2012). Positive Psychologie für die Praxis. In C. Steinebach, D. Jungo & R. Zihlmann (Hrsg.), *Positive Psychologie in der Praxis: Anwendung in Psychotherapie, Beratung und Coaching* (S. 18-25). Weinheim: Beltz.

Engelmann, B. (2012). Therapie-Tools: Positive Psychologie, Achtsamkeit, Glück, Mut. Weinheim: Beltz.

Heidenreich, T., Junghanns-Royack, K. & Michalak, J. (2011). Mindfulness-based therapy: Achtsamkeit vermitteln. In R. Frank (Hrsg.), *Therapieziel Wohlbefinden: Ressourcen aktivieren in der Psychotherapie* (2., aktual. Aufl., S. 70-82). Heidelberg: Springer Medizin Verlag.

Hinze, F. D. (2011) Acht Schritte zur Achtsamkeit. Göttingen: Vandenhoeck & Ruprecht.

Michalak, J., Heidenreich T. (2008). Achtsamkeit. In A. E. Auhagen (Hrsg.), Positive Psychologie: Anleitung zum „besseren Leben" (2., überab. u. erw. Aufl., S. 65-76). Weinheim: Beltz.

Ruch, W. & Proyer, R. T. (2011). Positive Interventionen: Stärkenorientierte Ansätze. In R. Frank (Hrsg.), *Therapieziel Wohlbefinden: Ressourcen aktivieren in der Psychotherapie* (2., aktual. Aufl., S. 84-92). Heidelberg: Springer.

Saltzman, A., Goldin, P. (2011). Achtsamkeitsbasierte Stressreduktion für Kinder im Schulalter. In L. A. Greco, S. C. Hayes (Hrsg.), *Akzeptanz und Achtsamkeit in der Kinder-Jugendlichenpsychotherapie* (S. 154-178). Weinheim: Beltz.

Seligmann, M. (2012). *Flourish. Wie Menschen Aufblühen.* München: Kösel-Verlag.

Internetquellen

Bibliographisches Institut GmbH (2013). Wohlbefinden. Verfügbar unter: http://www.duden.de/rechtschreibung/Wohlbefinden [Zugriff am 20.11.2013].

Günther, M. (2002). Denkanstoß: Wenn ich stehe, dann stehe ich. Verfügbar   unter: http://www.glaubeaktuell.net/portal/denkanstoss/index.php?IDD =1034318516   [Zugriff   am   19.11.2013].   Institution: glaubeaktuell.net.

Techniker   Krankenkasse   (2012).   MBSR-Achtsamkeitstraining. Verfügbar   unter: http://www.tk.de/tk/kursinhalte-im-ueberblick/stress-u-entspannung/mbsr-achtsamkeits-training/490700 [Zugriff am 20.11.2013].

Winkler, I. (2012). MBSR – Forschung. Verfügbar unter: http://www.mbsr-berlin.org/forschung.php   [Zugriff   am 20.11.2013].

www.ingramcontent.com/pod-product-compliance
Lightning Source LLC
Chambersburg PA
CBHW062031280526
45787CB00005B/2287